Impressum
Verlag: BABADADA GmbH, Nedderfeld 112 , 22529 Hamburg
Geschäftsführer / Verlagsleitung: Harald Hof
Druck: Books on Demand GmbH, In de Tarpen 42, 22848 Norderstedt

Imprint
Publisher: BABADADA GmbH, Nedderfeld 112 , 22529 Hamburg, Germany
Managing Director / Publishing direction: Harald Hof
Print: Books on Demand GmbH, In de Tarpen 42, 22848 Norderstedt, Germany

xikolo

школа

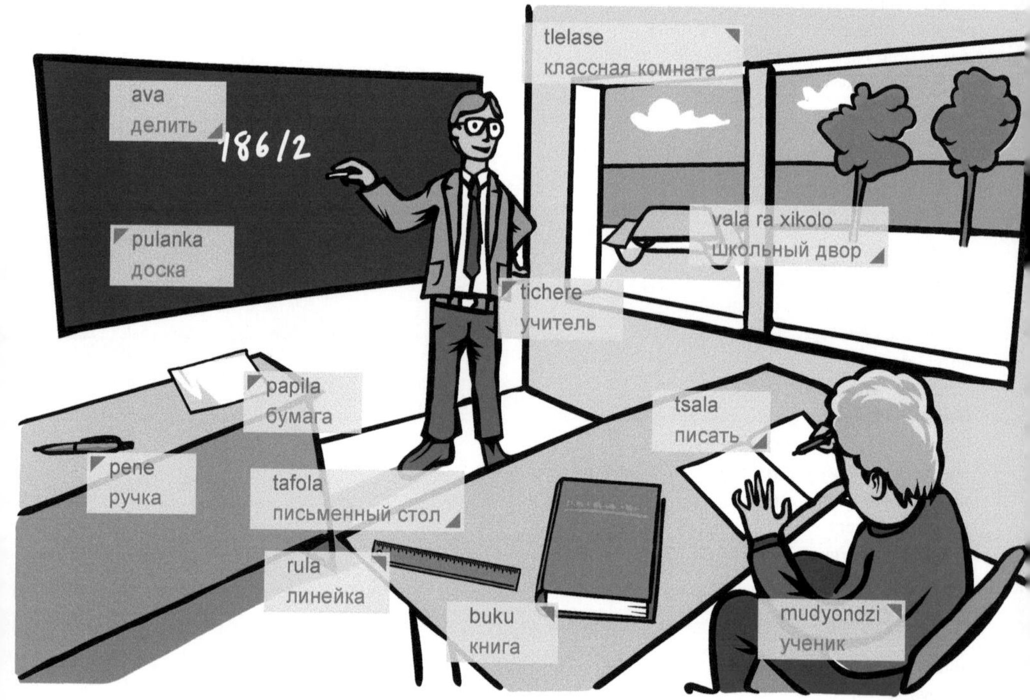

tlelase
классная комната
ava
делить
186/2
pulanka
доска
vala ra xikolo
школьный двор
tichere
учитель
papila
бумага
tsala
писать
pene
ручка
tafola
письменный стол
rula
линейка
buku
книга
mudyondzi
ученик

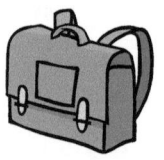

xinkwamana

ранец

bokisi ra tipensele

пенал

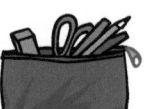

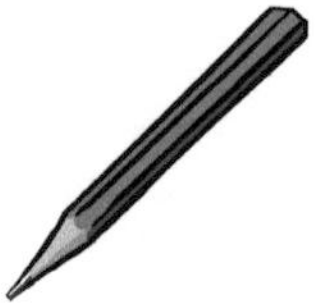

pensele

карандаш

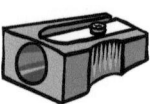

muchini wo vatla tipensele

точилка

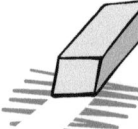

rhaba

ластик

papilo ro dirowa

альбом для рисования

xifaniso lexi diroweke

рисунок

burachi ro penda

кисточка

bokisi ro penda

коробка красок

xikero

ножницы

xidamarheti

клей

buku ya xikolo

тетрадь

ntirho wa le kaya

домашняя работа

12

nombhoro

цифра

2+2

engeta

прибавлять

5-2

susa

вычитать

2×2

andzisa

умножать

hlaya

считать

A

letere

буква

ABCDEFG HIJKLMN OPQRSTU VWXYZ

maletere

алфавит

hello

rito

слово

rungula

текст

hlaya

читать

choko

мел

dyondzo

урок

tsarisa

классный журнал

xikambelo

экзамен

xitifiketi

диплом

swiambalo swa xikolo

школьная форма

dyondzo

образование

nsonga-vutivi

энциклопедия

univhesiti

университет

makhiriskopu

микроскоп

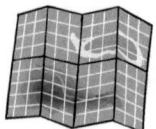

mepe

карта

xikotela xo lahla maphepha

корзина для бумаг

kufamba

путешествие

hotele
гостиница
Grand
hositele
турбаза
ROOMS
EXCHANGE
ndhawu yo cinca mali
пункт обмена валюты
putumendhe
чемодан
movha
автомобиль

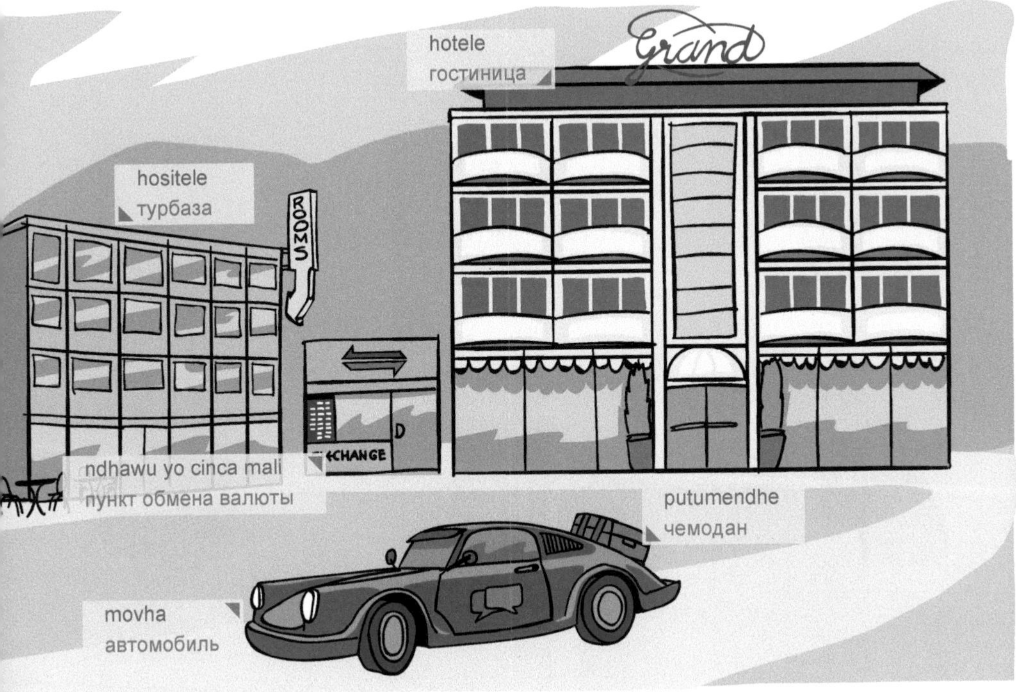

ririmi

язык

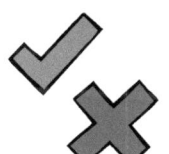

ina / e-e

да / нет

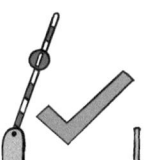

Swikahle

хорошо

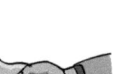

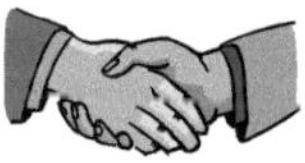

ahe

Привет

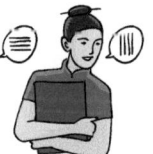

muhundzuluxeri

переводчик

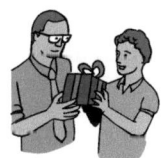

Ndza khensa

Спасибо

ivungani…?

Сколько стоит…?

Andzi twisisi

Я не понимаю

nkinga

проблема

Riperile!

Добрый вечер!

Maxelo ya kahle!

Доброе утро!

Vusiku bya kahle!

Доброй ночи!

sala kahle

До свидания

nkongomiso

направление

mindzhwalo

багаж

nkwama

сумка

nkwama

рюкзак

muendzi

гость

kamara

комната

nkwama wo etlela

спальный мешок

tende

палатка

uxokoxoko bya vaendzi

туристическая
информация

ribuwa

пляж

khadi ra xikweleti

кредитная карточка

xifihlulo

завтрак

swakudya swa ninhlekani

обед

swakudya swa nimadyambu

ужин

thikithi

билет

kheshe

лифт

xitempe

почтовая марка

ndzilakana

граница

mikhuva

таможня

hovisi ya vuyimeri ya tiko

посольство

visa

виза

pasi ro endza

паспорт

swilo swo famba

транспорт

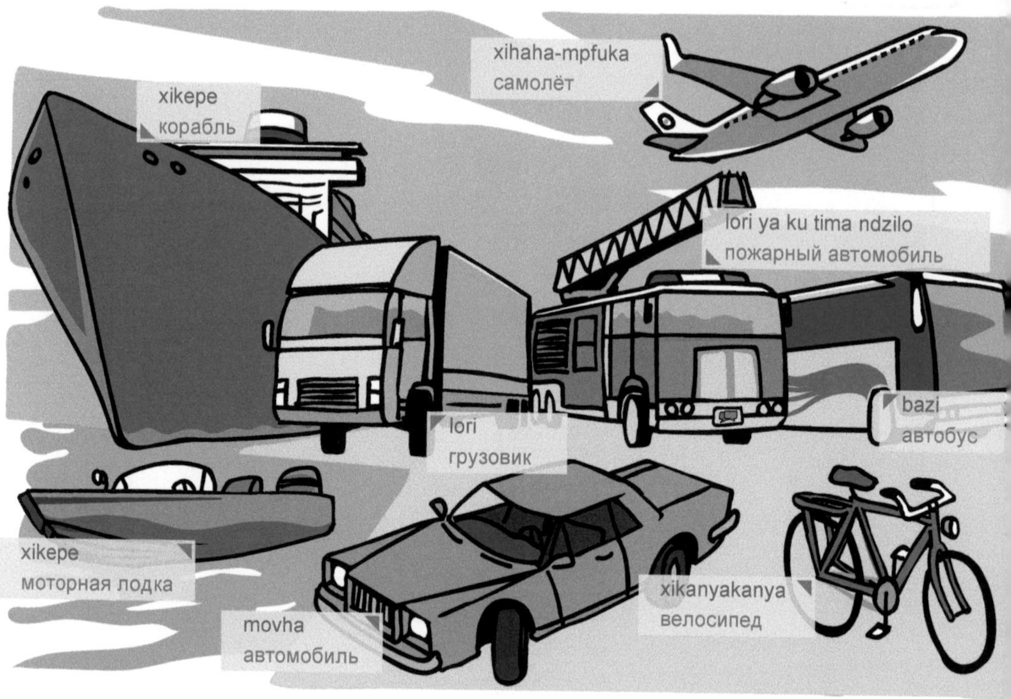
xihaha-mpfuka
самолёт
xikepe
корабль
lori ya ku tima ndzilo
пожарный автомобиль
bazi
автобус
lori
грузовик
xikepe
моторная лодка
xikanyakanya
велосипед
movha
автомобиль

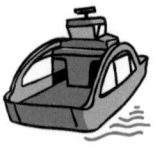

xikepe

паром

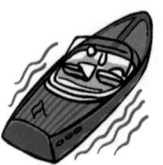

xikepe

лодка

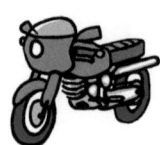

xithuthuthu

мотоцикл

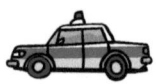

movha wa maphorisa

полицейский автомобиль

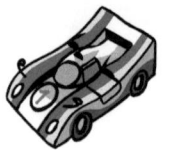

movha wa mphikizano

гоночный автомобиль

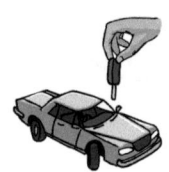

movha yo lombiwa

арендованный автомобиль

ku avelana hi movha

вместное пользование
автомобилями

lori yo koka timovha

буксировочный
автомобиль

lori yo rhwala chaka

мусоровоз

njhini

двигатель

mafurha

топливо

ndhawu yo xavisa petirolo

заправка

mpfungo wa le patwini

дорожный знак

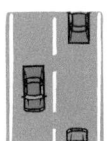

mafambelo ya mimovha

движение

ntlimbano wa timovha

пробка

phaki ya timovha

автостоянка

xitichi xa xitimela

вокзал

mintila

рельсы

xitimela

поезд

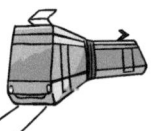

banzi leri fambaka
exiporweni

трамвай

kalichi

вагон

xihaha-mpfuka-phatsa

вертолёт

rivala ra siwhaha-mpfuka

аэропорт

xihondzo

вышка

mukhandziyi

пассажир

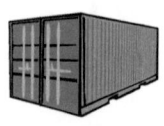

bokisi

контейнер

bokisi

коробка

kalichi

тележка

xirhundzi

корзина

suka / tshama

взлетать / приземляться

doroba

город

muti

деревня

nkava wa doroba

центр города

yindlu

дом

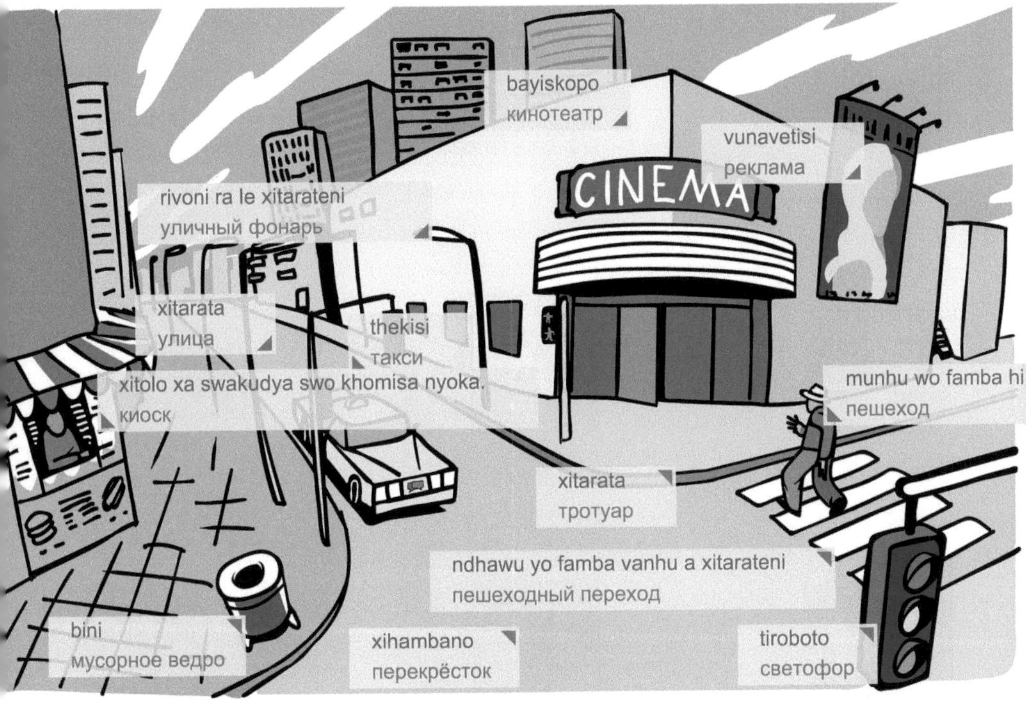
bayiskopo
кинотеатр
CINEMA
vunavetisi
реклама
rivoni ra le xitarateni
уличный фонарь
xitarata
улица
thekisi
такси
xitolo xa swakudya swo khomisa nyoka.
киоск
munhu wo famba hi
пешеход
xitarata
тротуар
ndhawu yo famba vanhu a xitarateni
пешеходный переход
bini
мусорное ведро
xihambano
перекрёсток
tiroboto
светофор

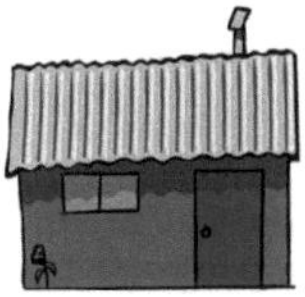

xiyindlwana xa byanyi

хижина

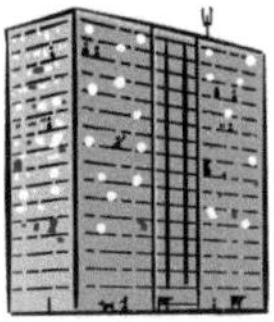

yindlu

квартира

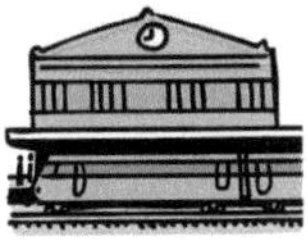

xitichi xa xitimela

вокзал

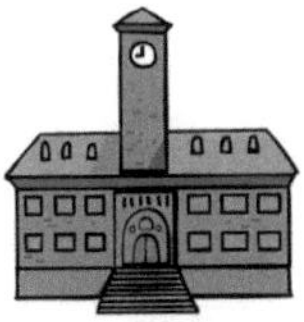

holo ya vanhu

ратуша

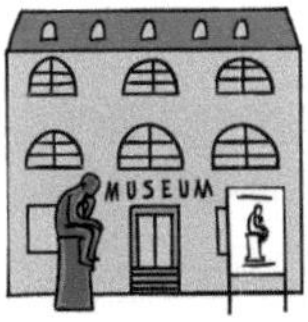
MUSEUM

muziyamu

музей

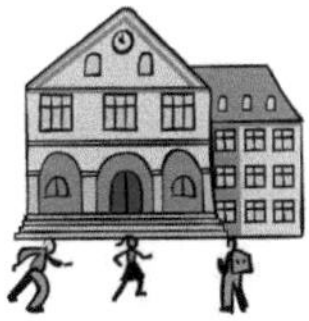

xikolo

школа

univhesiti

университет

bangi

банк

xibedlhele

больница

hotele

гостиница

xitolo xa miri

аптека

hofisi

офис

xitolo xa tibuku

книжный магазин

xitolo

магазин

xitolo xa swiluva

цветочный магазин

xitolo le xikulu swinene

супермаркет

makete

рынок

xitolo le xikulu

универмаг

xitolo xa tinhlampfi.

торговец рыбой

ndhawu ya switolo

торговый центр

hlaluko

порт

phaka

парк

bence

скамейка

buloho

мост

switepisi

лестница

ehansi ka misava

метро

muhocho

тоннель

xitichi xa tibanzi

автобусная остановка

barha

бар

rhesiturente

ресторан

bokisi ra poso

почтовый ящик

mfungho wa xitarata

табличка с названием улицы

muchini wa mali ya ku phaka

паркометр

ntanga wa swiharhi

зоопарк

damu ro xambela

бассейн

mosque

мечеть

purasi
ферма

nthyakiso
загрязнение окружающей среды

masirha
кладбище

kereke
церковь

rivala ra mintlangu
детская площадка

tempele
храм

ndhawu

ландшафт

tluka
лист

mfungho wa gondzo
дорожный указатель

ndlela
дорога

byanyi byo tala
луг

ribye
камень

munhu wo khandziya tintshava
путешественник

murhi
дерево

nambu
река

byanyi
трава

xiluva
цветок

nkova

долина

xitsunga

гора

tiva

озеро

khwati

лес

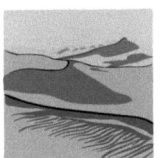

mananga

пустыня

volkheno

вулкан

ntsinda

замок

nkwangulatilo

радуга

swikowa

гриб

murhi wa nchindzu

пальма

nsuna

комар

haha

муха

vusokoti

муравей

nyoxi

пчела

 puma

паук

ndhawu - ландшафт

xifufunhunu

жук

chele

лягушка

maxindyana

белка

nhloni

еж

mfundla

заяц

xikhova

сова

xinyenyane

птица

sekwa

лебедь

ngluve ya nhova

кабан

mhunti

олень

mhofu

лось

damu

плотина

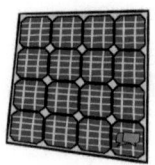

xipelupelu xa moya

ветряной генератор

bodo leyi tswongaka kuhisa
ka dyambu

солнечная батарея

maxelo

климат

rhesiturente
ресторан

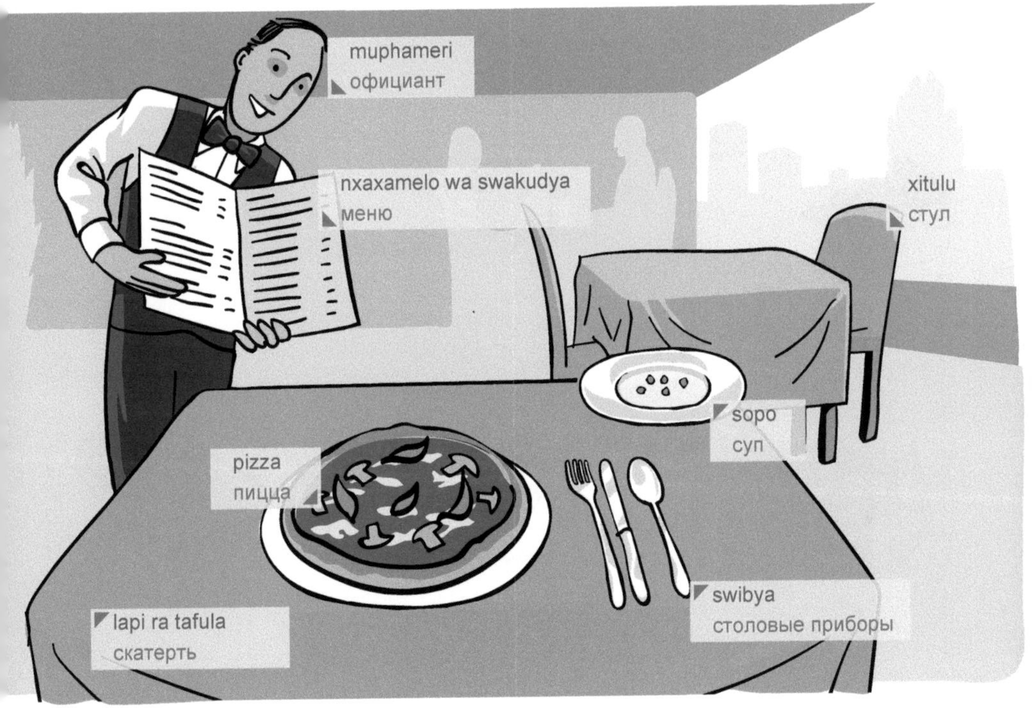

muphameri
официант
nxaxamelo wa swakudya
меню
xitulu
стул
sopo
суп
pizza
пицца
swibya
столовые приборы
lapi ra tafula
скатерть

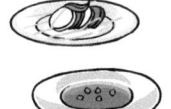

swakudya swa ku naveta
закуска

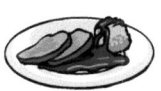

swakudya
главное блюдо

swo rhelerisa
десерт

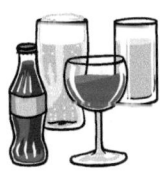

swakunwa
напитки

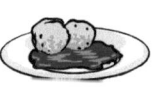

swakudya
еда

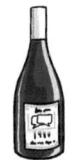

bodlhela
бутылка

swakudya swa xihatla

фастфуд

swakudya swa le ndleleni

уличная еда

mbita ya tiya

чайник

xibye xa chukela

сахарница

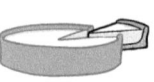

xiphemu

порция

muchini wa espresso

кофеварка

xitulu xa le henhla

детский стульчик

swikweleti

счет

thireyi

поднос

mukwana

нож

foroko

вилка

lepula

ложка

xilepulana

чайная ложка

phepha ro sula nomu

салфетка

nghilazi

стакан

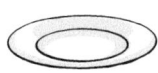

pleti

тарелка

pleti ya sopo

суповая тарелка

sosara

блюдце

murhu

соус

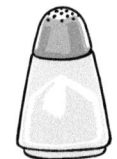

xilo xo chele munyu

солонка

xilo xo gaya

мельница для перца

vhiniga

уксус

mafurha

масло

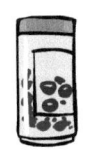

swinyunyeteri

специи

ketchup

кетчуп

mustard

горчица

mayonasi

майонез

xitolo le xikulu swinene

супермаркет

nyiko yo hlawuleka
специальное предложение
FOR
muxavi
покупатель
ntsamba
молочные продукты
mihandzu
фрукты
xikocikara
тележка для покупок

BUTCHERS

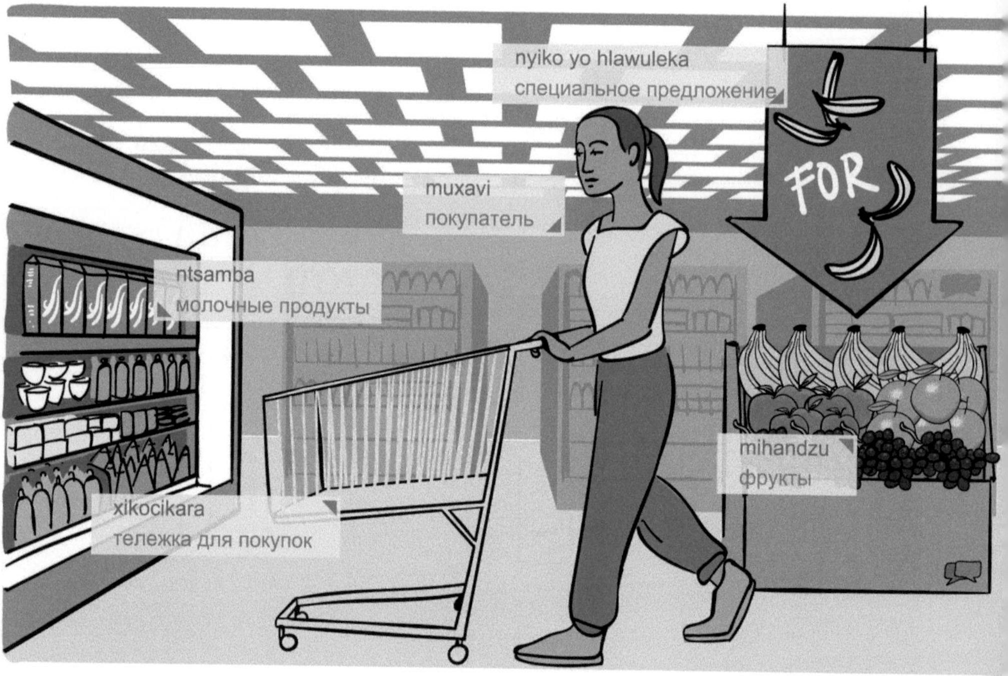

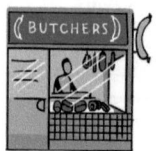

buchara

мясной магазин

BAKERY

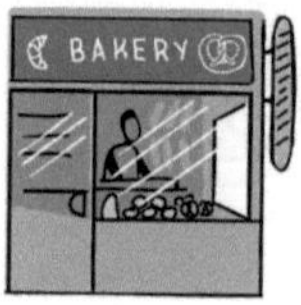

bekari

пекарня

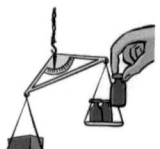

ringanyeta

взвешивать

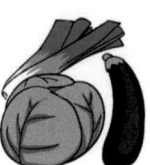

swimila

овощи

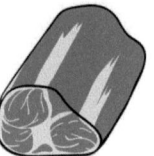

nyama

мясо

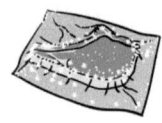

swakudya swo titimela

быстрозамороженные продукты

nyama

нарезка

swakudya leswi nga thinini

консервы

mapa yo hlanswa

стиральный порошок

malekere

сладости

switirhisiwa swa le ndlwini

предмет домашнего обихода

swilo swo basisa

моющее средство

munhu wo xavisa

продавщица

thili

касса

muamukeli wa timali

кассир

xaxamelo wa swo xaviwa

список покупок

nkarhi wa ku tirha

время работы

nkwama wa mali

бумажник

khadi ra xikweleti

кредитная карточка

nkwama

сумка

nkwama wa pulasitiki

полиэтиленовый пакет

mati

вода

ntsutsu

сок

meleke

молоко

coke

кока-кола

vhinyo

вино

byalwa

пиво

byala

алкоголь

cocoa

какао

tiya

чай

kofi

кофе

espresso

эспрессо

cappuccino

капучино

banana

банан

apula

яблоко

lamula

апельсин

kalabatla

арбуз

swiri

лимон

kherotsi

морковь

swinyalana

чеснок

musengele

бамбук

nyala

лук

swikowa

гриб

timanga

орехи

makaroni ya nyama

лапша

spaghetti

спагетти

rhayisi

рис

saladi

салат

machipisi

картофель фри

nhlata wo katingiwa

жареный картофель

pizza

пицца

hamburger

гамбургер

xinkwa

сэндвич

cutlet

шницель

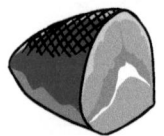

ham

ветчина

salami

салями

soseji

колбаса

huku

курица

katinga

жаркое

hlampfi

рыба

oats

овсяные хлопья

muesli

мюсли

rivele-ndzoho

кукурузные хлопья

filawa

мука

bantsi

круассан

xinkwa

булочка

xinkwa

хлеб

xinkwa xo oxiwa

тост

makokisi

печенье

botere

масло

ribomba ra tswamba

творог

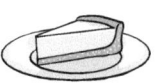

khekhe

пирог

tandza

яйцо

matandza lama katingiweke

яичница

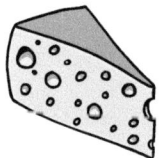

chizi

сыр

ayisi khrimi

мороженое

chukela

сахар

vulombe

мёд

jamu

мармелад

botere ya chokoleti

крем с нугой

curry

карри

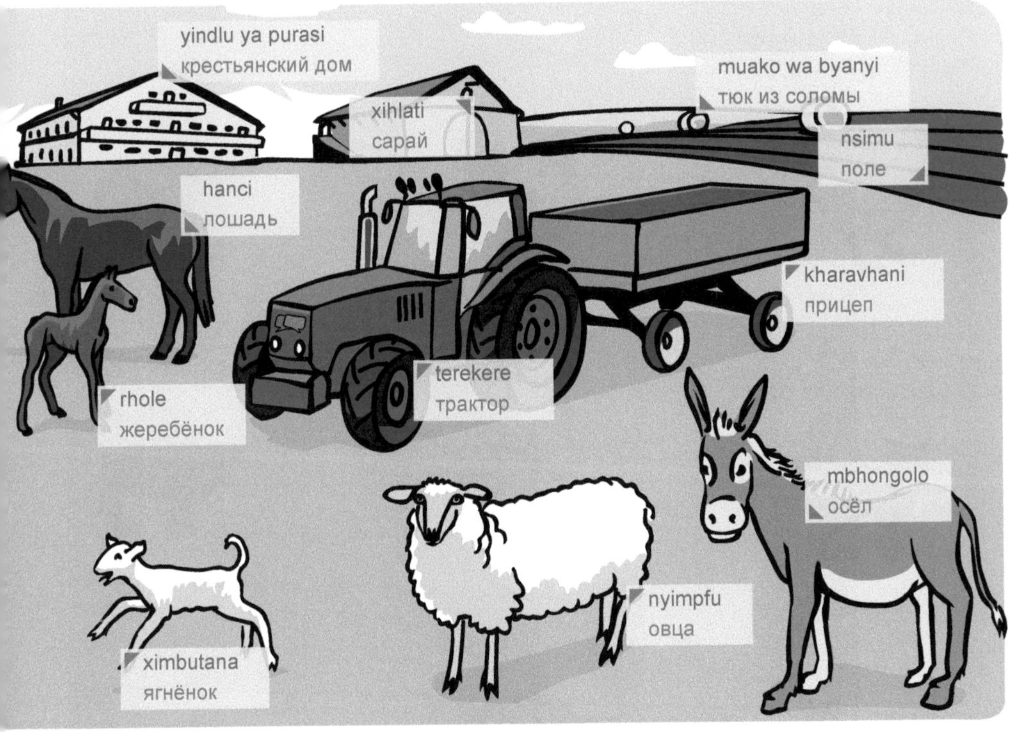

yindlu ya purasi
крестьянский дом

muako wa byanyi
тюк из соломы

xihlati
сарай

nsimu
поле

hanci
лошадь

kharavhani
прицеп

rhole
жеребёнок

terekere
трактор

mbhongolo
осёл

ximbutana
ягнёнок

nyimpfu
овца

mhunti

коза

homu

корова

rhole

телёнок

nguluve

свинья

xingulubyana

поросёнок

nkuzi

бык

sekwa

гусь

sweka

утка

xikukwana

цыплёнок

mbhaha

курица

nkuku

петух

kondlo

крыса

ximanga

кошка

kondlo

мышь

homu

вол

mbyana

собака

yindlu ya mbyana

конура

payipi ya mati

садовый шланг

xilo xo chelela mati

лейка

nsimbi yo tsema

коса

xikomu

плуг

sikele

серп

xikomu

мотыга

foroko le yikulu

навозные вилы

xihloka

топор

bara

тачка

xitsengele

корыто

xilo xo chela ntswamba

бидон для молока

saka

мешок

rirhangu

забор

xivala

хлев

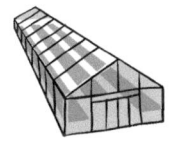

yindlu ya vuhlayiselo bya swimilana

теплица

misava

почва

mbewu

посев

swinonisi

удобрение

muchini wa ku tshovela

комбайн

tshovela

собирать урожай

ntshovelo

урожай

mintsumbula

ямс

koroni

пшеница

tinyawa

соя

nhlata

картофель

koroni

кукуруза

rapeseed

рапс

nsinya wa mihandzu

фруктовое дерево

ntsumbula

маниок

swakudya swa tidzoho

злаки

yindlu

дом

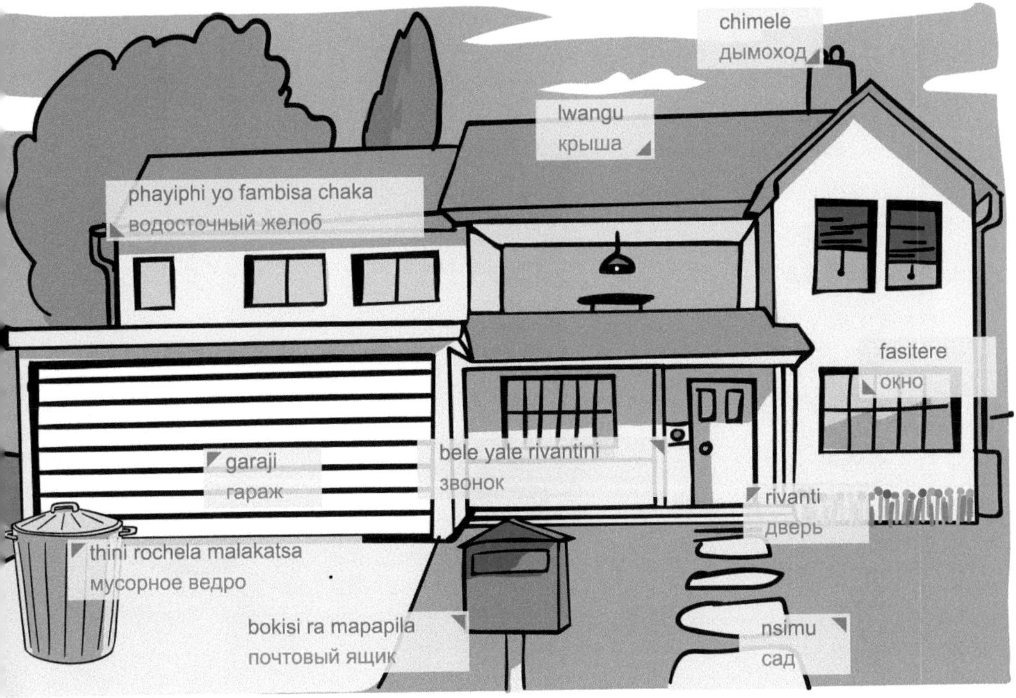

chimele
дымоход
lwangu
крыша
phayiphi yo fambisa chaka
водосточный желоб
fasitere
окно
garaji
гараж
bele yale rivantini
звонок
rivanti
дверь
thini rochela malakatsa
мусорное ведро
bokisi ra mapapila
почтовый ящик
nsimu
сад

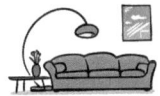

kamara ro tshama
....
гостиная

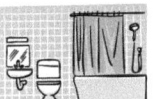

kamara yo hlambela
....
ванная комната

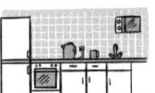

khishini
....
кухня

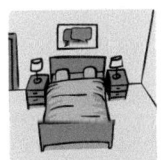

kamera ro etlela
....
спальня

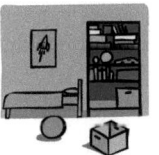

kamana ya vana
....
детская комната

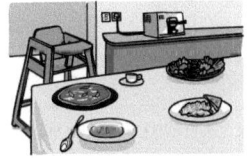

ndhawu yo dyela
....
столовая

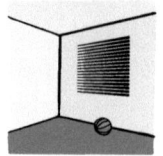

ehansi

пол

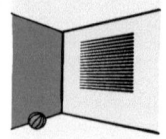

khumbi

стена

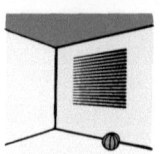

silingi

потолок

kamera ra le hansi

подвал

phungula

сауна

rikupakupa

балкон

tshala

терраса

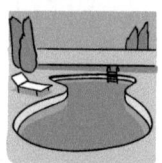

damu

бассейн

muchini wo tsema byanyi

газонокосилка

nkumba

пододеяльник

swo andlalela mubedo

покрывало

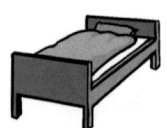

mubedo

кровать

nkukulu

метла

bakiti

ведро

swichi

выключатель

kamara ro tshama

гостиная

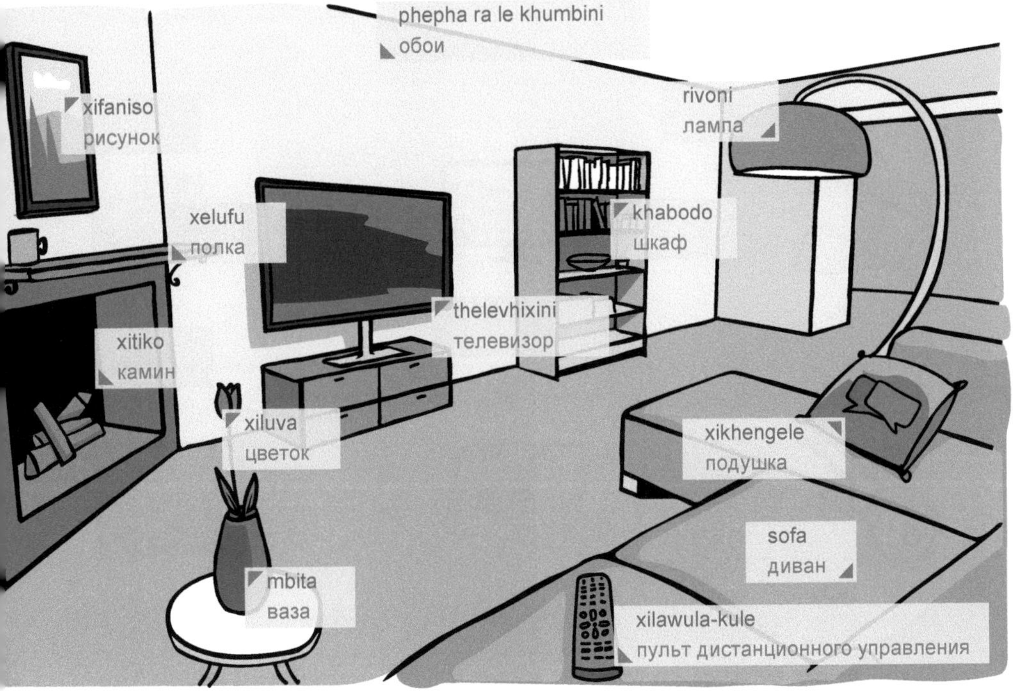
phepha ra le khumbini
обои
xifaniso
рисунок
rivoni
лампа
xelufu
полка
khabodo
шкаф
thelevhixini
телевизор
xitiko
камин
xiluva
цветок
xikhengele
подушка
sofa
диван
mbita
ваза
xilawula-kule
пульт дистанционного управления

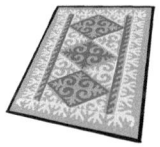

khapete

ковёр

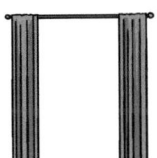

khethenisi

штора

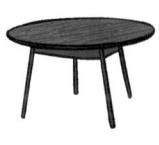

tafula

стол

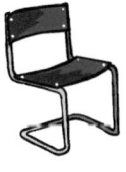

xitulu

стул

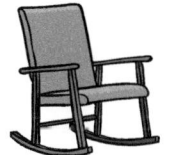

xitulu xo mbuwetela

кресло-качалка

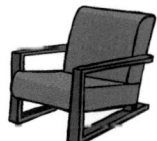

xitulu xo tlhandleka mavoko

кресло

buku
книга

nkumba
покрывало

nkhaviso
украшение

tihunyi
дрова

filimi
фильм

muchini wa hi-fi
стереосистема

xinotlelo
ключ

phepha-hungu
газета

xifaniso lexi vatliweke
картина

bodo ya xifaniso
плакат

xiya-ni-moya
радио

buku yo tsala tinhla
блокнот

hoover
пылесос

xiluva xa cactus
кактус

khandlela
свеча

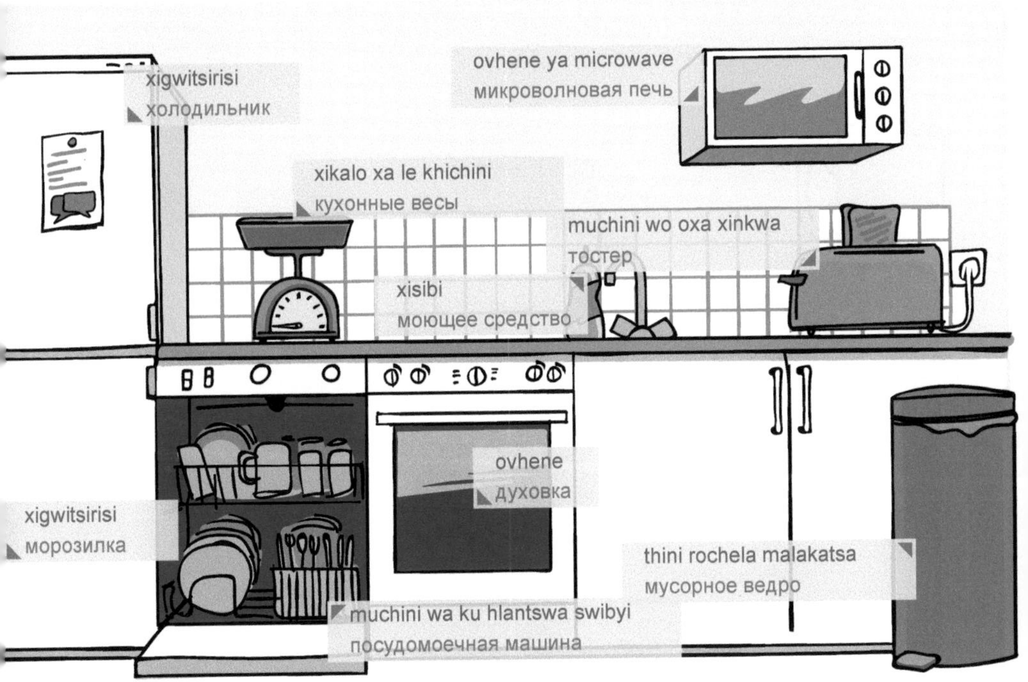

xigwitsirisi
холодильник

ovhene ya microwave
микроволновая печь

xikalo xa le khichini
кухонные весы

muchini wo oxa xinkwa
тостер

xisibi
моющее средство

ovhene
духовка

xigwitsirisi
морозилка

thini rochela malakatsa
мусорное ведро

muchini wa ku hlantswa swibyi
посудомоечная машина

mosweki

плита

poto

кастрюля

poto ra nsimbi

чугунный котелок

mbita yo swekela / kadai

вок / кадай

pani

сковорода

ketlele

чайник

xo sweka hi nkahelo

пароварка

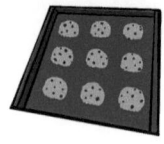

thireyi ya ku baka

противень

swibya

посуда

xikomichana

кружка

ximbitana

миска

ti-chopstick

палочки для еды

xipunu

половник

spatula

лопатка

muchini wo hlanganisa

сбивалка

sefo

сито

xisefo

сито

xilo xo tsemelela

тёрка

xibye

ступка

nyama yo oshiwa

гриль

ndzilo

костёр

bodo ya ku tsemelela

доска

mhandzi yo andlala fulawa

скалка

xo pfula mabodlhela

штопор

thini

жестяная банка

xo pfula mathini

консервный нож

xo khoma poto

прихватка

zinki

раковина

buracha

щетка

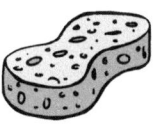

xiponci

губка

xilo lexi hlanganiselaka

миксер

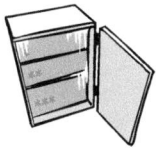

xigwitsirisi

морозильная камера

bodlhela ra n'wana

бутылочка для кормления

pompi

кран

kamara yo hlambela

ванная комната

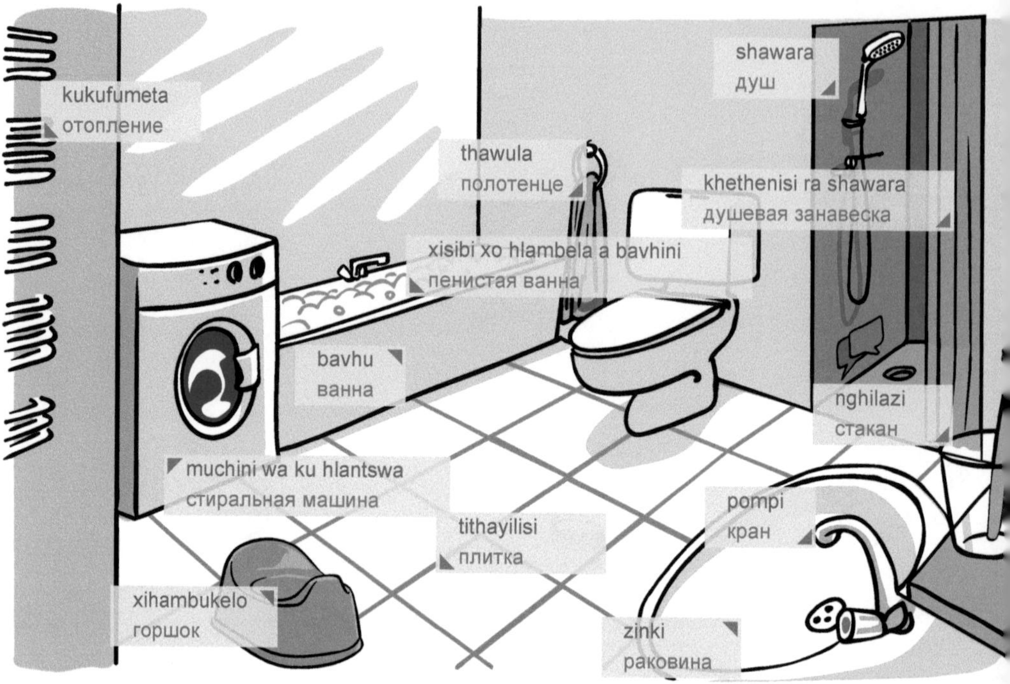

kukufumeta
отопление
shawara
душ
thawula
полотенце
khethenisi ra shawara
душевая занавеска
xisibi xo hlambela a bavhini
пенистая ванна
bavhu
ванна
nghilazi
стакан
muchini wa ku hlantswa
стиральная машина
pompi
кран
tithayilisi
плитка
xihambukelo
горшок
zinki
раковина

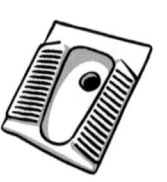

xihambukelo

туалет

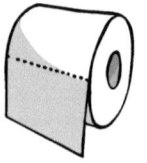

xihambukelo

напольный унитаз

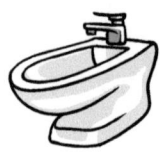

bidet

биде

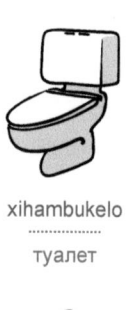

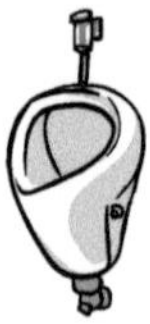

ndhawu yo tsakamisela

писсуар

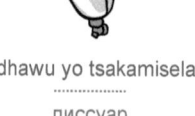

papila ra xihambukelo

туалетная бумага

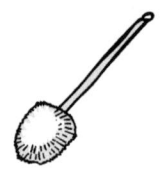

burachi bya xihambukelo

ершик

burachi bya meno

зубная щетка

xisibi xa meno

зубная паста

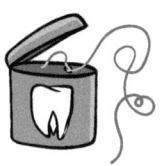

xo basisa exikarhi ka meno

зубная нить

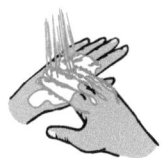

hlamba

мыть

xawara yo khomiwa hivoko

ручной душ

douche

интимный душ

xihlambelo

таз

buracha ra nhlana

щетка для спины

xisibi

мыло

xisibi xa xawara

гель для душа

shampoo

шампунь

swilapana

мочалка

xinambyana

сток

rivomba

крем

xinhuherisi

дезодорант

xivoni

зеркало

xivoni xo khomiwa hivoko

ручное зеркало

rikarhi

бритва

xisibi so susa malevu

пена для бритья

mafurha ya kutola loku u
heta ku tsemeta malevu

лосьон после бритья

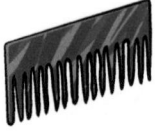

kama

расческа

buracha

щетка

muchini wo omisa mosisi

фен

mafurha yo tola mosisi

лак для волос

xo tisasekisa

косметика

xotota nomo

губная помада

xo tota minwala

лак для ногтей

kotoni

вата

xo tsema minwala

маникюрные ножницы

xinhuherisi

духи

nkwama wa le
xihambukelweni
....
косметичка

nchuluko
....
табуретка

xikalo
....
весы

nguvu yo hlamba
....
халат

tiglovhu ta raba
....
резиновые перчатки

tampon
....
тампон

thawula ra ku basisa
....
гигиеническая прокладка

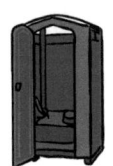

xihambukelo xa le handle
....
биотуалет

kamana ya vana

детская комната

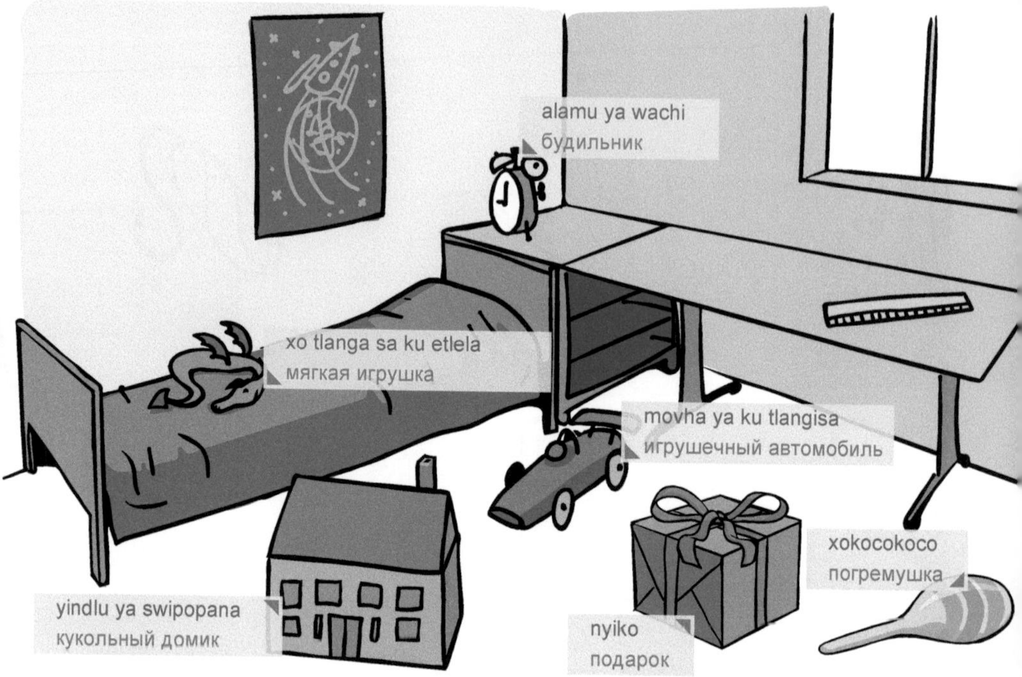
alamu ya wachi
будильник
xo tlanga sa ku etlela
мягкая игрушка
movha ya ku tlangisa
игрушечный автомобиль
xokocokoco
погремушка
yindlu ya swipopana
кукольный домик
nyiko
подарок

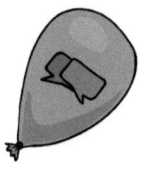

baluni

воздушный шар

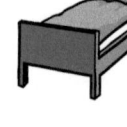

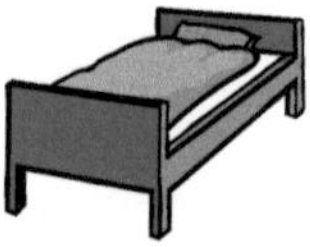

mubedo

кровать

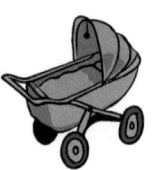

pureme

детская коляска

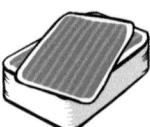

makhadi

карточная игра

jigsaw

пазл

SUPER MEGA

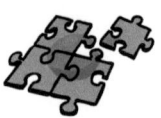

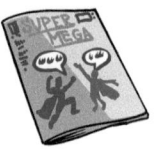

khomiki

комикс

switina swa lego
....
кирпичики Лего

swiaki
....
кубики

xo tlanga xa vana
....
игрушечная фигурка

swiambalo swa nwana
....
ползунки

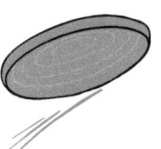

Frisbee
....
фрисби

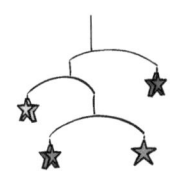

mobile
....
мобиле

ntlango wa le bodweni
....
настольная игра

dayisi
....
кубик

xitimela xo tlanga
....
модель железной дороги

xo tlangisa vana
....
соска

nkhuvo
....
вечеринка

buku ya swifaniso
....
книга с картинками

bolo
....
мяч

xipopana
....
кукла

tlanga
....
играть

khele ra sava

песочница

muchinginya

качели

swilo swo tlangisa

игрушка

mintlango ya vhidiyo

игровая приставка

xithuthuthu xa mivhilwa manharhu

трёхколесный велосипед

tibere to tlangisa

плюшевый медвежонок

wadirobo

шкаф для одежды

swiambalo

одежда

masokisi

носки

masokisi

чулки

buruku byo tlimba

колготки

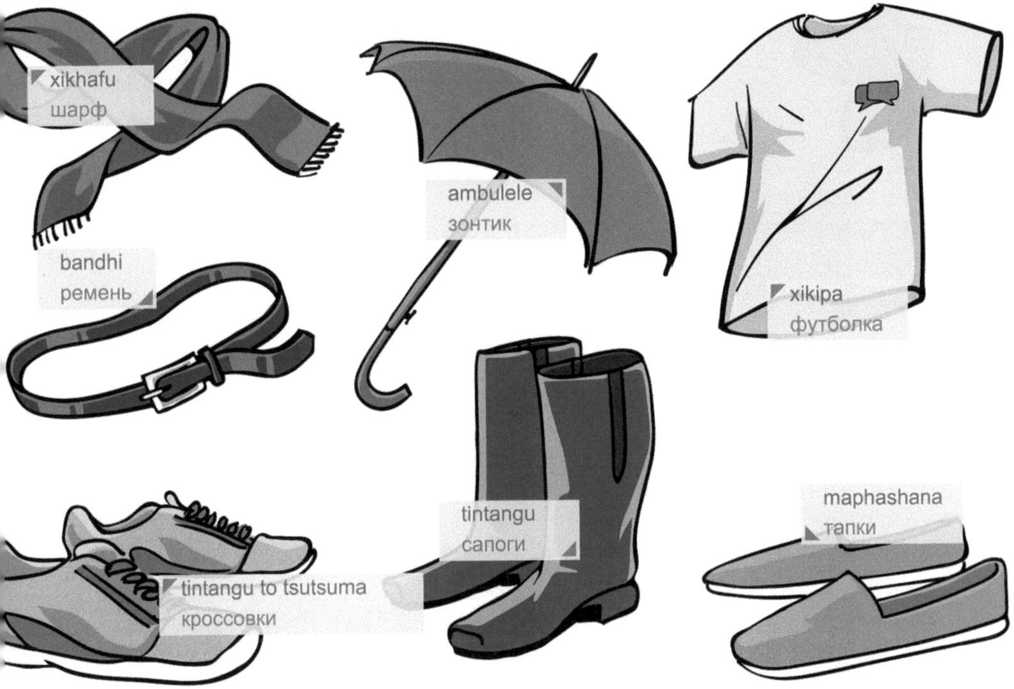

xikhafu
шарф

ambulele
зонтик

xikipa
футболка

bandhi
ремень

tintangu
сапоги

maphashana
тапки

tintangu to tsutsuma
кроссовки

maphashana
сандалии

tintangu
ботинки

majombo ya raba
резиновые сапоги

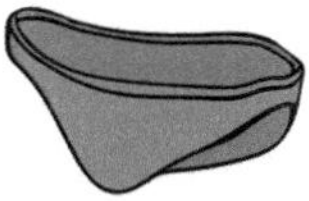

maburuko ya le ndzeni
трусы

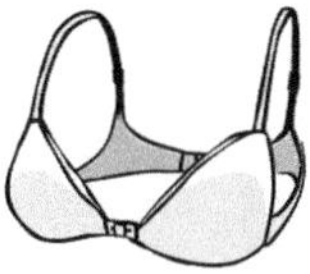

bodi
бюстгальтер

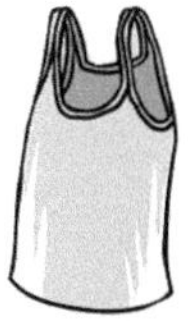

xikipa xa le ndzeni
майка

swiambalo - одежда

45

miri

боди

maburuko

брюки

bokati

джинсы

xiketi

юбка

bulawusi

блузка

hembe

рубашка

jesi

свитер

jazi ro fingeneta nhloko

свитер

buleyizara

спортивная куртка

baji

жакет

nghuvo

пальто

jazi rampfula

плащ

swiambalo

костюм

swiambalo

платье

rhoko ya mucato

свадебное платье

sudu

мужской костюм

xiambalo xo etlela

ночная сорочка

swi ambalo swo etlela

пижама

sari

сари

xikhafu

платок

duku

тюрбан

burqa

паранджа

swi ambalo

кафтан

abaya

абайя

swiambalo swo hlambela

купальник

maburuko ya le ndzeni

плавки

buruku ro koma

шорты

tracksuit

спортивный костюм

fasikoti

фартук

maglilavhu

перчатки

kunupu

пуговица

manghilazi ya mahlo

очки

sindza

браслет

vuhlalu

цепочка

xingwaxila

кольцо

vo sasekisa tindleve

серьга

kepisi

шапка

hangara ya nghuvo

вешалка

xigqoko

шляпа

thayi

галстук

zipi

застежка молния

xihuku

шлем

minxongotelo

подтяжки

swiambalo swa xikolo

школьная форма

yunifomo

форма

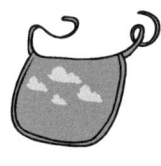

bibi

детский нагрудник

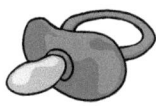

xo tlangisa vana

соска

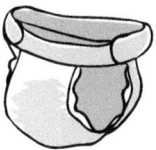

leyiri

подгузник

hofisi

офис

server
сервер
khabodo yo beka tifayili
канцелярский шкаф
muchini wa ku kandziyisa
принтер
papila
бумага
xikirini
монитор
mouse
мышь
tafola
письменный стол
xilo xo veka swiphephana
папка
keyboard
клавиатура
xitulo
стул
xikotela xo lahla maphepha
корзина для бумаг
khompyuta
компьютер

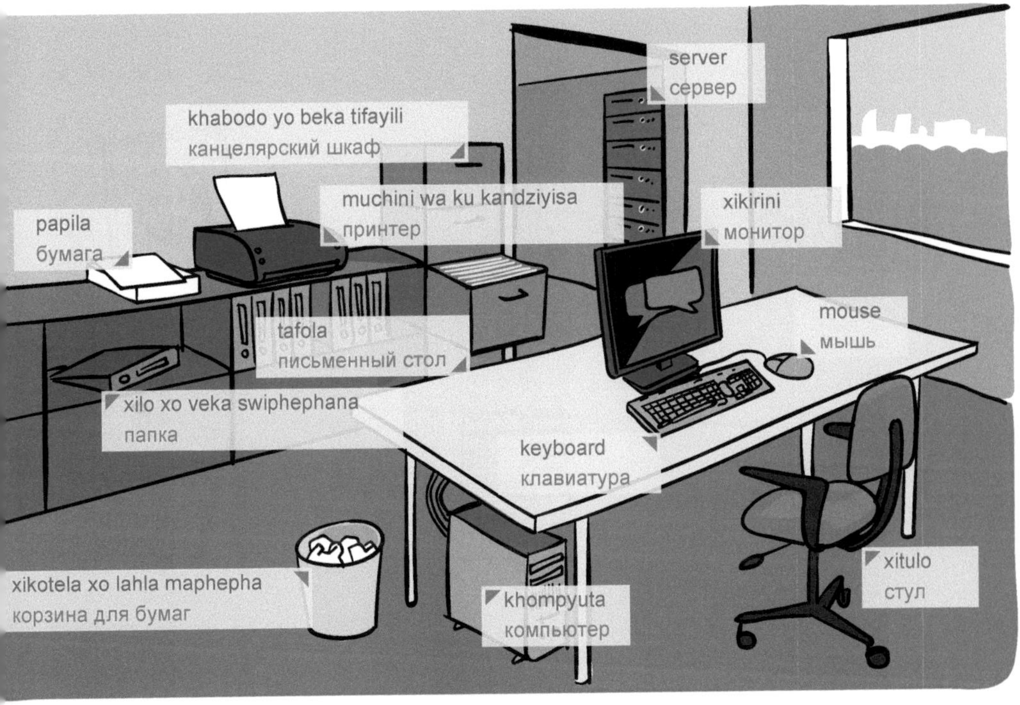

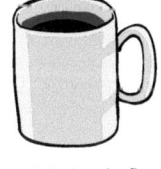

bikiri ra kofi

кофейная кружка

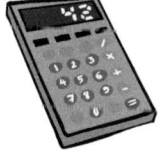

muchini wo hlaya

калькулятор

internet

интернет

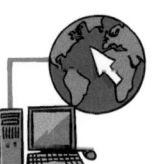

laptop

ноутбук

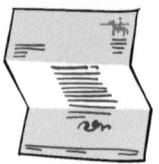

papila

письмо

rungula

сообщение

foni

мобильный телефон

network

сеть

muchini wo endla tikopi

ксерокс

progreme ya khompyuta

программа

riqingho

телефон

pulagi ya gezi

розетка

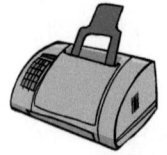

muchini wo rhumela rungula

факс

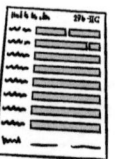

fomo

формуляр

papila

документ

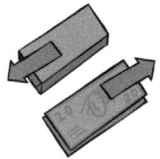

xava

покупать

hakela

платить

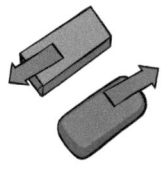

xavisa

торговать

mali

деньги

 USD

dolara

доллар

 EUR

euro

евро

 JPY

yen

иена

 RUB

rouble

рубль

 CHF

Swiss franc

франк

 CNY

renminb yuan

жэньминьби юань

 INR

rupee

рупия

muchini wa mali

банкомат

ndhawu yo cinca mali

пункт обмена валюты

nsuku

золото

silivhere

серебро

mafurha

нефть

matimba

энергия

hakelo

цена

ntwanano

договор

xibalo

налог

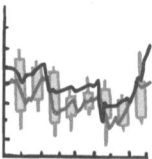

nundzu ya timali

акция

tirha

работать

mutirhi

служащий

mothorhi

работодатель

fektri

фабрика

xitolo

магазин

mintirho
профессии

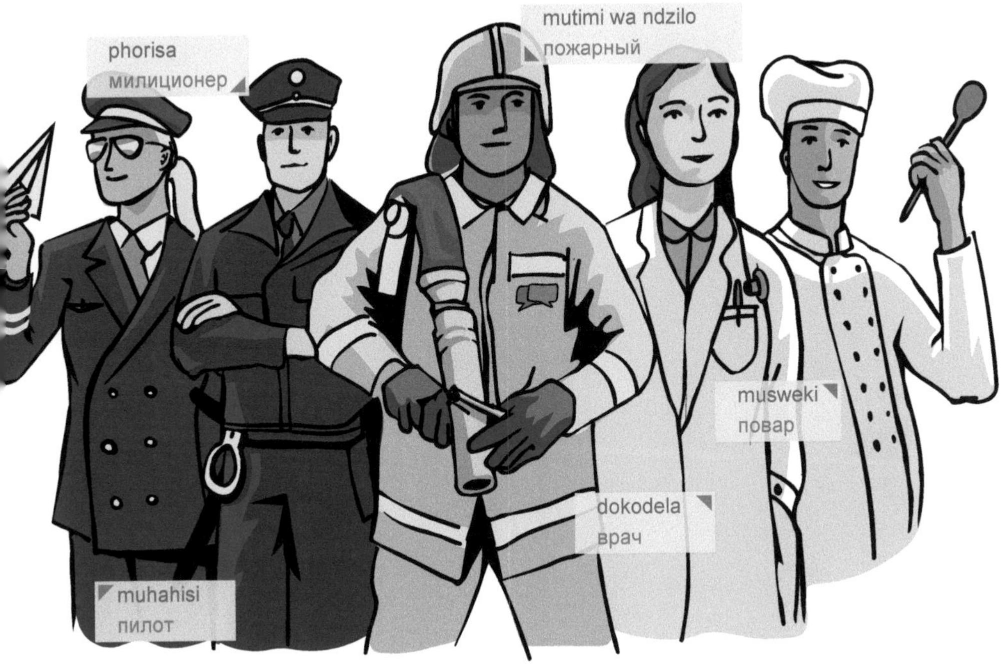
phorisa
милиционер
mutimi wa ndzilo
пожарный
musweki
повар
dokodela
врач
muhahisi
пилот

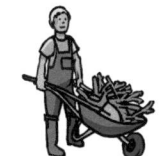

muhlayi wa ntanga

садовник

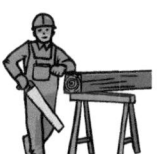

muvatli

столяр

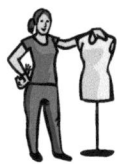

murungi

швея

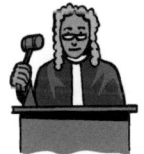

muavanyisi

судья

xitshunguri

химик

mutlangi

актер

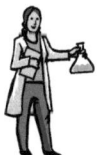

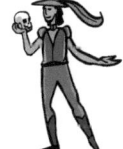

muchaeri wa tibazi

водитель автобуса

muchayeri wa thekisi

таксист

muphasi wa tinhlampfi

рыбак

wansati wa ku basisa

уборщица

mufuleri

кровельщик

muphameri

официант

muhloti

охотник

mupendi

художник

mubaki

пекарь

mutivi wagezi

электрик

muaki

строитель

munjiniyara

инженер

muxavisi wa nyama

мясник

muplambara

сантехник

muheleketi wa poso

почтальон

socha

солдат

mumpfampfarhuti

архитектор

muamukeli wa timali

кассир

muxavisi wa swiluva

флорист

mululamisi wa misisi

парикмахер

mufambisi

кондуктор

unhu wo lungisa timovha

механик

mulawuri

капитан

dokotela wa matinho

зубной врач

mutivi wa sayensi

ученый

mufundisi

раввин

murhangeri

имам

nghwendza

монах

mfundisi

священник

switirhisiwa

инструменты

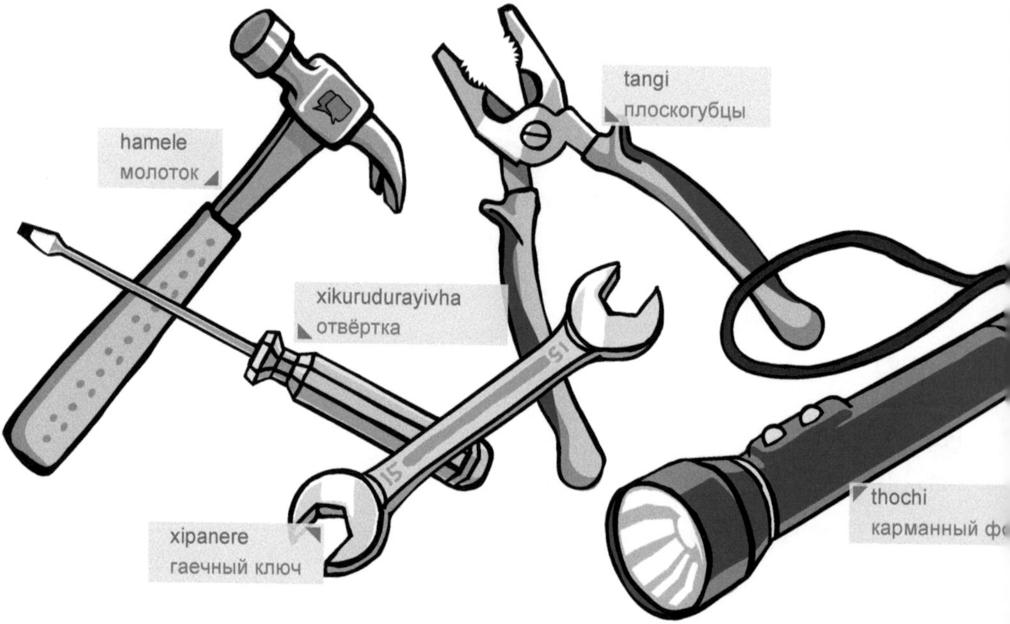
hamele
молоток
tangi
плоскогубцы
xikurudurayivha
отвёртка
xipanere
гаечный ключ
thochi
карманный ф

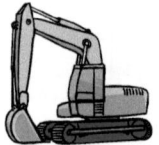

muchini wo cela

экскаватор

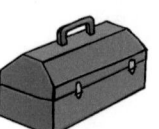

bokisi ra switirhisiwa

ящик для инструментов

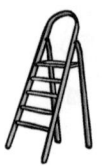

xitepisi

стремянка

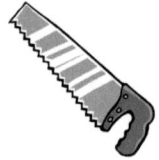

saha

пила

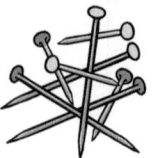

swipikiri

гвозди

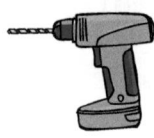

muchini wo boxa

дрель

lunghisa

ремонтировать

foxolo

лопата

Thyaka!

Блин!

chumu wo susa ritshuri

совок

mbita ya pende

ведро с краской

bawuti

винты

swichayachayana
музыкальные инструменты

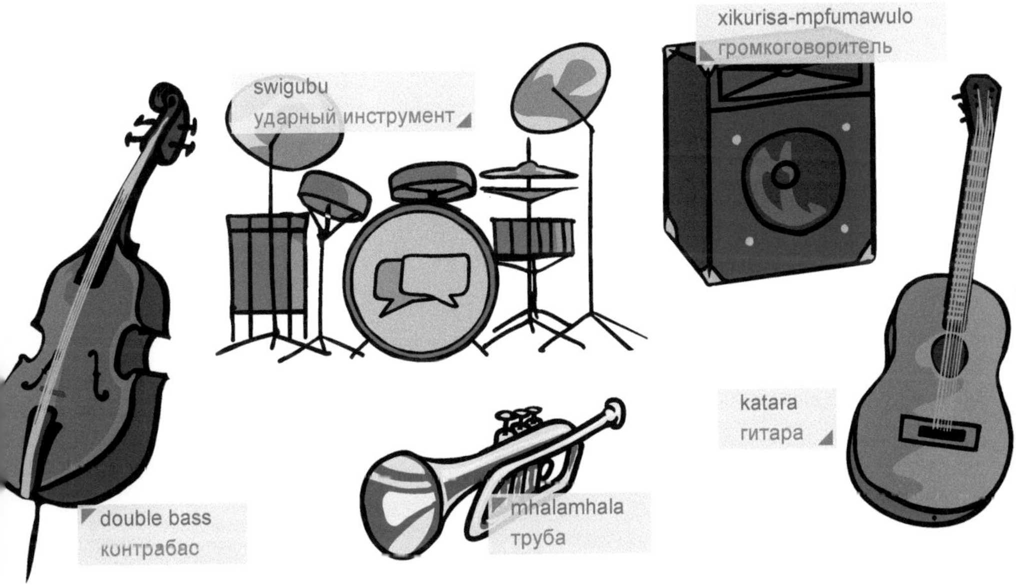

swigubu
ударный инструмент

xikurisa-mpfumawulo
громкоговоритель

katara
гитара

double bass
контрабас

mhalamhala
труба

piyano

пианино

violin

скрипка

bass

бас-гитара

timpani

литавры

xigubu

барабан

keyboard

синтезатор

saxophone

саксофон

xitiringo

флейта

xikurisa-marito

микрофон

ntanga wa swiharhi

зоопарк

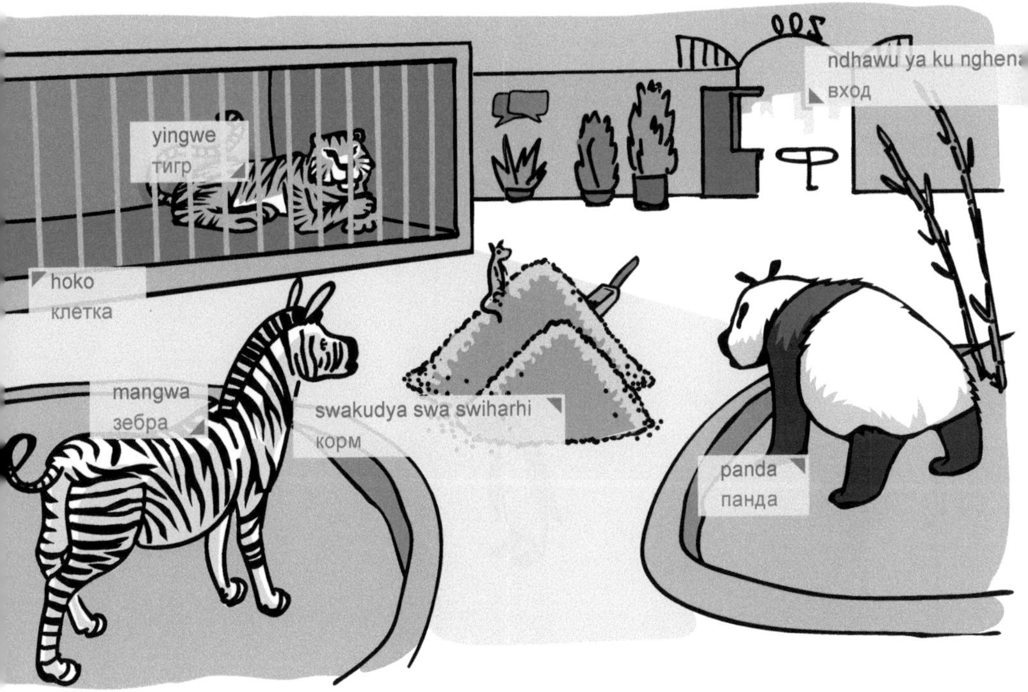
zoo
ndhawu ya ku nghen
вход
yingwe
тигр
hoko
клетка
mangwa
зебра
swakudya swa swiharhi
корм
panda
панда

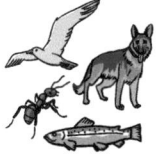

swiharhi

животные

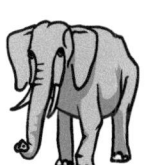

ndlopfu

слон

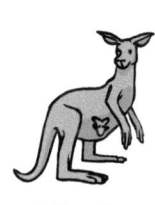

xinjhenghwe

кенгуру

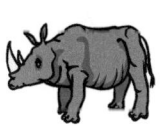

mhelembe

носорог

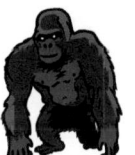

gorila

горилла

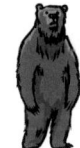

bere

медведь

kamela

верблюд

yintsha

страус

nghala

лев

nkawu

обезьяна

flamingo

фламинго

hokwe

попугай

bere

белый медведь

penguin

пингвин

shaka

акула

hanti

павлин

nyoka

змея

ngwenya

крокодил

muhlayisi wa mintanga ya
swiharhi

служитель зоопарка

seal

тюлень

jaguar

ягуар

hanci

пони

yingwe

леопард

mpfuvu

бегемот

nhutlwa

жираф

gama

орёл

ngluve ya nhova

кабан

hlampfi

рыба

mfutsu

черепаха

nyimpfu ya le lwandle

морж

mhungubye

лиса

mhala

газель

bolo ya le Amerika
американский футбол

kufamba hi xi kanyakanya
езда на велосипеде

tennis
теннис

basketball
баскетбол

kuhlambela
плавание

ntlango wa ku bana
бокс

khororo ya le ayisini
хоккей

bolo
футбол

badminton
бадминтон

mintlango
лёгкая атлетика

bolo ya mavoko
гандбол

kureta e gambokweni
лыжный спорт

polo
поло

tlula
прыгать

angara
обнимать

hleka
смеяться

famba
идти

yimbelela
петь

lora
мечтать

khongela
молиться

ntswontswa
целовать

tsala
писать

dirowa
рисовать

komba
показывать

dlidlimeta
нажимать

nyika
давать

teka
брать

yi va
иметь

endla
делать

ku va
быть

yima
стоять

tsutsuma
бежать

koka
тянуть

lahlela
бросать

wana
падать

hemba
лежать

rindza
ждать

rhwala
носить

tshama
сидеть

ambala
надевать

tlela
спать

pfuka
просыпаться

languta

рассматривать

rila

плакать

bana

гладить

kama

причесывать

vulavula

говорить

twisisa

понимать

vutisa

спрашивать

yingisa

слушать

nwana

пить

dyana

кушать

basisa

наводить порядок

randza

любить

sweka

готовить

chayela

ехать

haha

летать

tluta

ходить под парусом

hlaya

считать

hlaya

читать

hlaya

учиться

tirha

работать

teka

вступать в брак

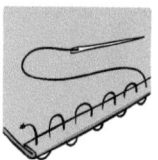

rhunga

шить

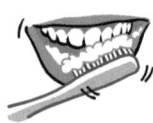

kuhlamba meno

чистить зубы

dlaya

убивать

dzaha

курить

rhumela

отправлять

ndyanghu

семья

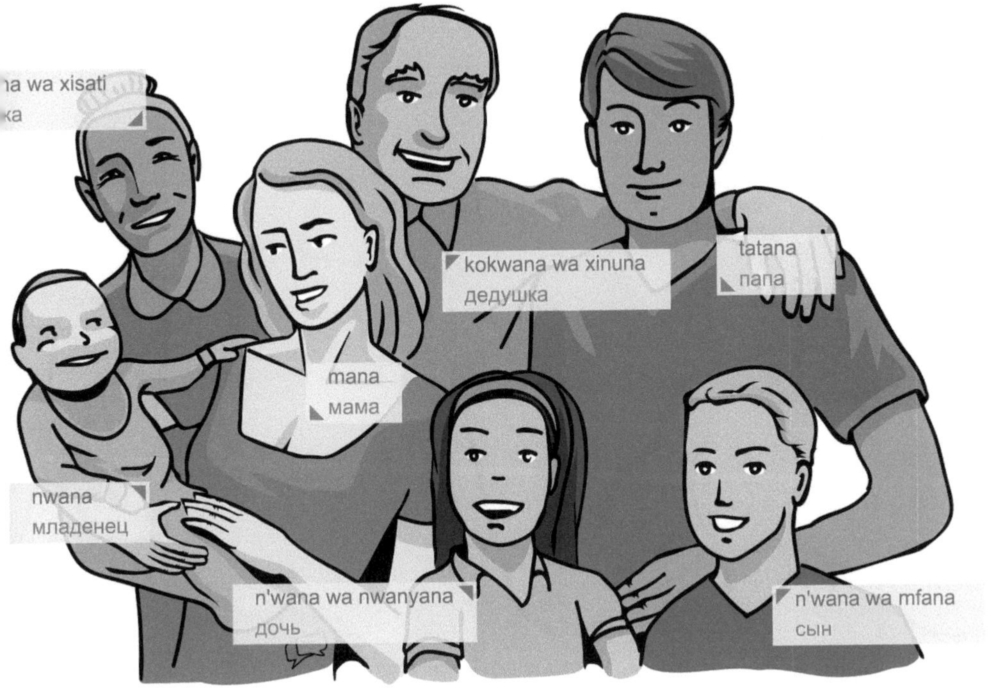

a wa xisati
ка
kokwana wa xinuna
дедушка
tatana
папа
mana
мама
nwana
младенец
n'wana wa nwanyana
дочь
n'wana wa mfana
сын

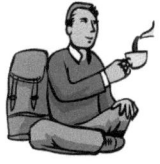

muendzi

гость

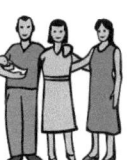

hahani

тетя

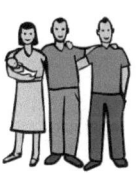

malume

дядя

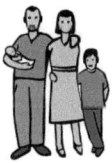

makwerhu

брат

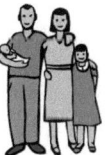

makwrhu

сестра

miri

тело

mombo
лоб
tihlo
глаз
katla
плечо
ritiho
палец
xikandza
лицо
xilebvu
подбородок
voko
кисть
nenge
нога
bele
грудь
voko
рука

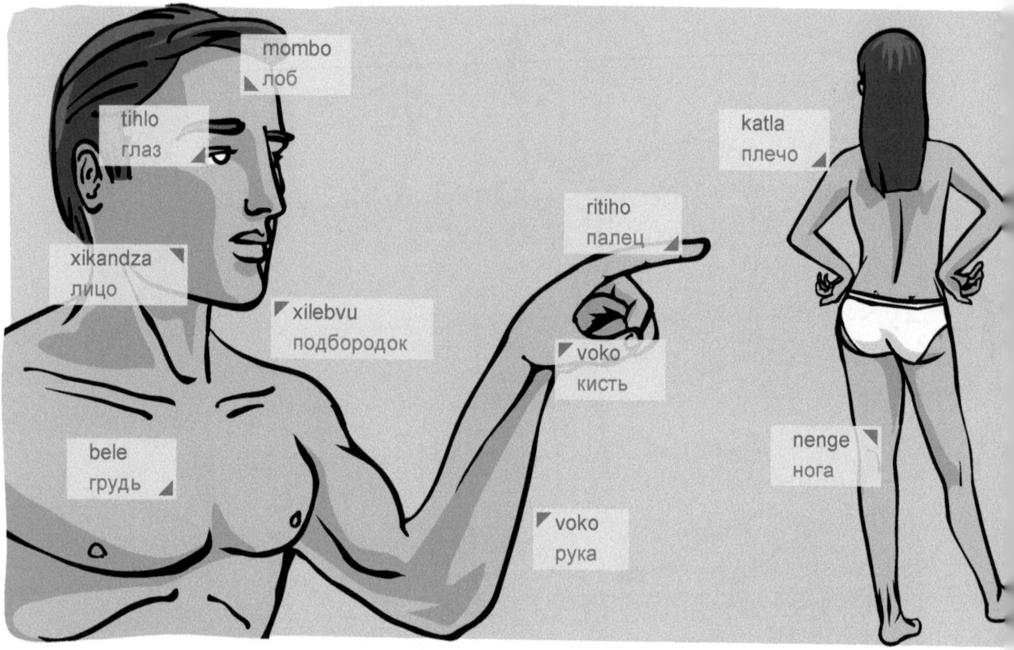

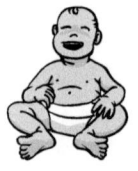

nwana
младенец

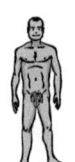

n'wanuna
мужчина

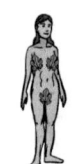

nw'ansati
женщина

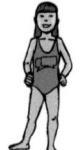

nhwanyana
девочка

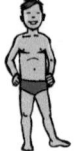

mfana
мальчик

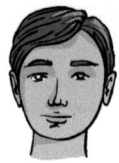

nhloko
голова

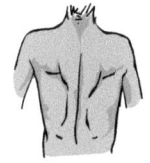

nhlana

спина

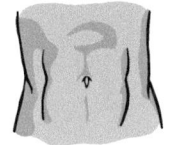

khwiri

живот

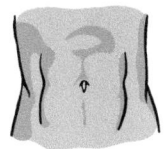

nkava

пупок

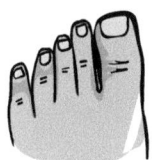

xikunwani

палец ноги

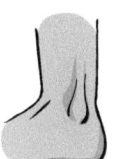

xirhenze

пятка

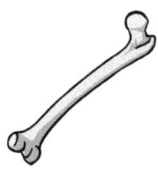

rhambu

кость

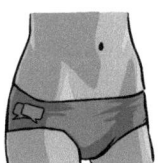

nyonga

бедро

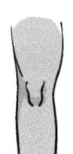

tsolo

колено

xikokola

локоть

nompfu

нос

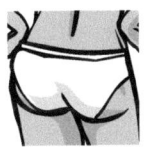

xisuti

ягодицы

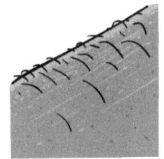

nhlonge

кожа

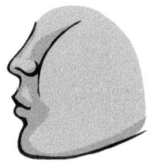

rhama

щека

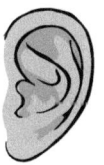

ndlebe

ухо

nomu

губа

nomu

рот

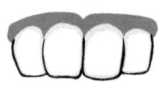

tinyo

зуб

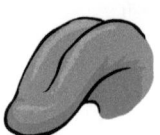

ririmi

язык

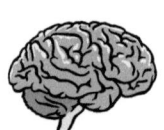

byongo

мозг

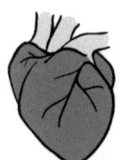

mbilu

сердце

nsiha

мышца

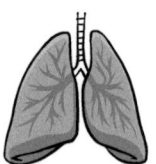

hahu

лёгкое

vixindzi

печень

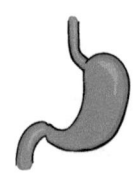

khwiri

желудок

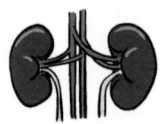

tinso

почки

masangu

половой акт

khondomu

презерватив

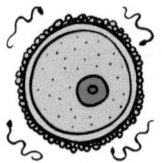

tandza

яйцеклетка

mbewu ya vununa

сперма

nyimba

беременность

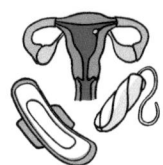

kuya enkarhini
....
менструация

muhocho
....
вагина

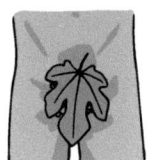

xiluma
....
пенис

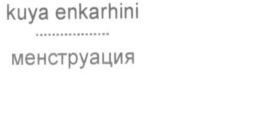

tinxiyi
....
бровь

misisi
....
волосы

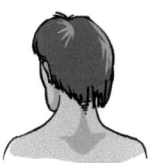

nhamu
....
шея

miri - тело

xibedlhele
больница

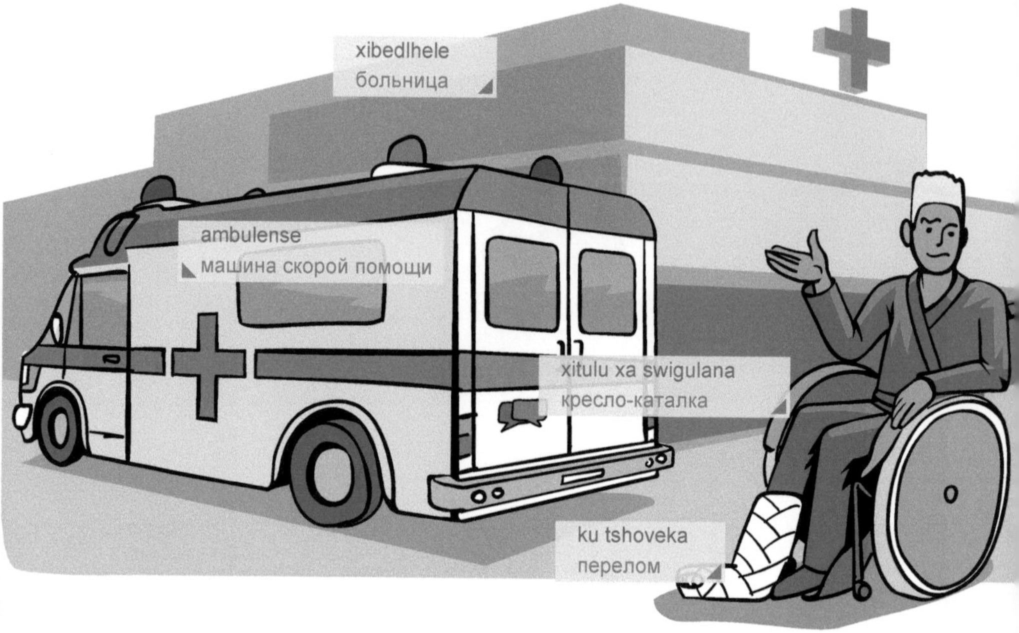

xibedlhele
больница
ambulense
машина скорой помощи
xitulu xa swigulana
кресло-каталка
ku tshoveka
перелом

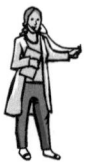

dokodela

врач

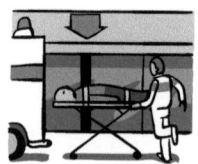

kamara ra xilamulela-mhango

пункт первой помощи

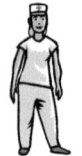

muongori

медсестра

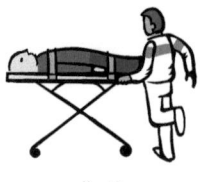

xihatla

неотложный случай

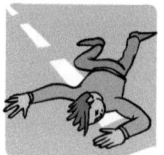

ku titivala

без сознания

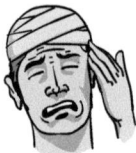

kuvava

боль

ku vaviseka

повреждение

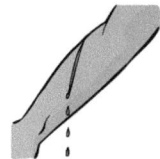

mpfempfa ngati

кровотечение

ku hlaseriwa himbilu

инфаркт

ku oma swirho

инсульт

rinyenyo

аллергия

khohlola

кашель

xifumbu

вышенная температура

mukhuhlwana

грипп

nchuluko

понос

ku pandza ka nhloko

головная боль

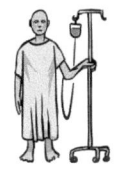

khensa

рак

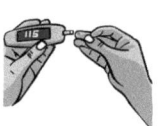

chukela

диабет

dokodela

хирург

mukwana

скальпель

vuhandzuri

операция

CT
КТ

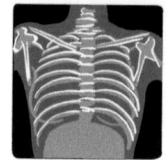

x-rheyi
рентген

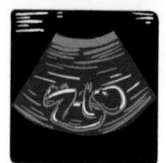

muchini wo yingisela
ntshuka-ntshuko
ультразвук

xo tipfala tinhomfu
маска

vuvabyi
болезнь

kamara ro rindza
приёмная

nhonga
костыль

semendhe
пластырь

bandhichi
бинт

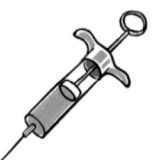

neleta
укол

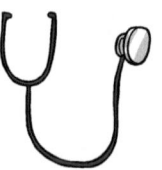

muchini wa madokodela wa
ku yingisa
стетоскоп

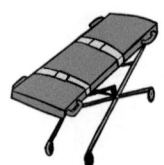

rihlaka
носилки

xipima-mahiselo
термометр

ku veleka
рождение

ku nyuhela
избыточный вес

swipfuneta-ku-twa

слуховой аппарат

khemikhale yo dlaya
switsongwatsongwana

дезинфекционное
средство

switsongwatsongwana

инфекция

xitsongwatsongwana

вирус

HIV / AIDS

ВИЧ / СПИД

miri

лекарство

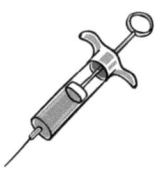

nayiti

прививка

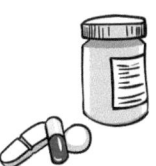

maphilisi

таблетки

pilisi

противозачаточная
таблетка

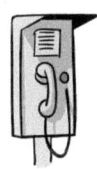

riqingho ra xihatla

экстренный вызов

muchini wo kamba
nsusumeto wa ngati

прибор для измерения
кровяного давления

vabya / hanya

больной / здоровый

Pfunani!

Помогите!

bele

сигнал тревоги

ku hlaseriwa

нападение

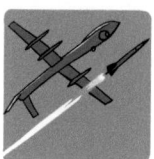

hlasela

атака

khombo

опасность

nyangwa wo huma loko ku ri ni mhango

запасной выход

Ndzilo!

Пожар!

xo tima ndzilo

огнетушитель

mhangu

несчастный случай

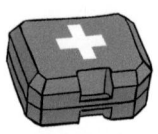

bokisi ra xilamulela-mhango

аптечка

SOS

SOS

phorisa

милиция

Yuropa

Европа

Amerika N'walungu

Северная Америка

Amerika Dzonga

Южная Америка

Afrika

Африка

Asia

Азия

Australia

Австралия

Atlantic

Атлантический океан

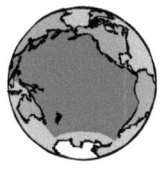

Pacific

Тихий океан

Lwandle-nkulu ra Indiya

Индийский океан

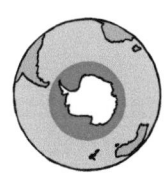

wandle-nkulu ra Antarctic

Антарктический океан

Lwandle-nkulu ra Arctic

Северный Ледовитый океан

North Pole

Северный полюс

South Pole
Южный полюс

Antarctica
Антарктика

Misava
земля

tiko
суша

lwandle
море

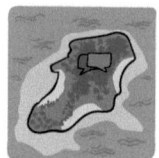

xihlala
остров

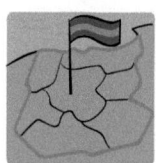

rixaka
нация

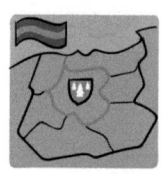

tiko
государство

xikomba nkarhi

циферблат

xikomba-tiawara

часовая стрелка

xikomba-timineti

минутная стрелка

xikomba-tisekoni

секундная стрелка

I nkarhi muni?

Который час?

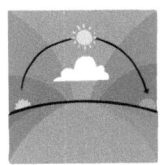

siku

день

nkarhi

время

sweswi

сейчас

wachi leyi tshavatelaka

электронные часы

minete

минута

awara

час

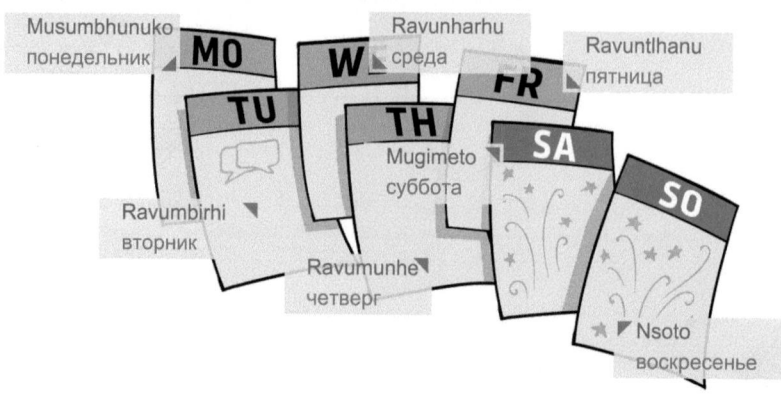

Musumbhunuko понедельник **MO**

W Ravunharhu среда

Ravuntlhanu пятница **FR**

TU

TH

Mugimeto суббота **SA**

Ravumbirhi вторник

SO

Ravumunhe четверг

Nsoto воскресенье

tolo

вчера

namuntlha

сегодня

mundzuku

завтра

mixo

утро

nhlekani

полдень

madyambu

вечер

MO	TU	WE	TH	FR	SA	SU
1	2	3	4	5	6	7
8	9	10	11	12	13	14
15	16	17	18	19	20	21
22	23	24	25	26	27	28
29	30	31	1	2	3	4

masiku ya ntirho

рабочие дни

MO	TU	WE	TH	FR	SA	SU
1	2	3	4	5	6	7
8	9	10	11	12	13	14
15	16	17	18	19	20	21
22	23	24	25	26	27	28
29	30	31	1	2	3	4

mahelo vhiki

выходные

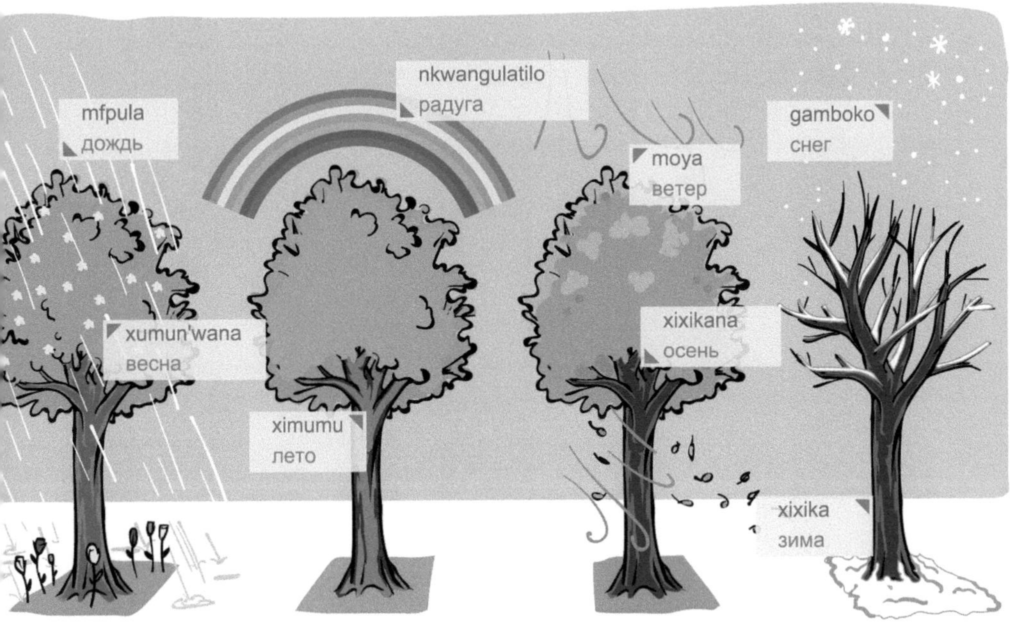

mfpula
дождь
nkwangulatilo
радуга
gamboko
снег
moya
ветер
xumun'wana
весна
xixikana
осень
ximumu
лето
xixika
зима

4.APRIL 11°
5.APRIL 4°
6.APRIL 13°
7.APRIL 8°
8.APRIL 10°

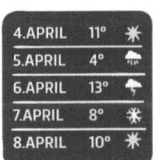

vumbha tamaxelo

прогноз погоды

F
C
120
90
60
30
0
-30
40
30
20
10
0
-10
-20

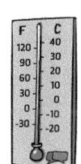

xipima-mahiselo

термометр

dyambu

солнечный свет

papa

туча

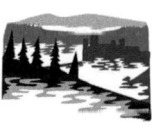

hunguva

туман

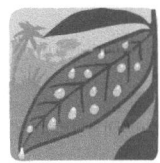

kutsakama

влажность воздуха

rihati

молния

dzindza-tilo

гром

xidzedze

буря

xihangu

град

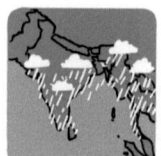

mpfula

муссон

ndhambi

наводнение

ayisi

лёд

Sunguti

январь

Nyenyenyana

февраль

Nyenyankulu

март

Dzivamusoko

апрель

Mudyaxihi

май

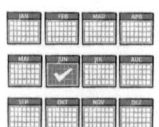

Khotavuxika

июнь

Mawuwani

июль

Mhawuri

август

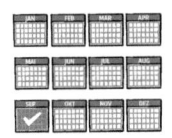

Ndzhati
....
сентябрь

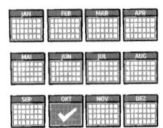

Nhlangula
....
октябрь

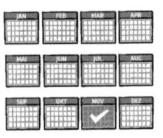

Hukuri
....
ноябрь

N'wendzamhala
....
декабрь

xirendzevutana
....
круг

xikwere
....
квадрат

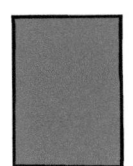

matlhelo ya mune
....
прямоугольник

xivunguvungu xa tintlha
tinharhu
....
треугольник

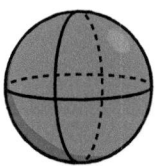

bolo
....
шар

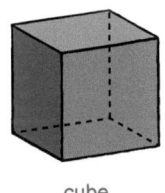

cube
....
куб

basa

белый

xitshopana

желтый

lamula

оранжевый

tshwukanyana

розовый

tshwuka

красный

xigunguvungu

лиловый

wasi

синий

rihlaza

зелёный

buraweni

коричневый

mpunga

серый

ntima

черный

swo tala / swi tsongo

много / мало

hlundzukile / rhurile

яростный / мирный

sasekile / bihile

красивый / уродливый

masungulo / makumo

начало / конец

kulu / tsongo

большой / маленький

vangama / munyama

светлый / темный

buti / sesi

брат / сестра

basile / chakile

чистый / грязный

helerile / helelangiki

полный / неполный

siku / vusiku

день / ночь

file / hanyaka

мёртвый / живой

pfulekile / pfalekile

широкий / узкий

swa dyiwa / a swi dyiwi

съедобный / несъедобный

homboloka / lunghile

злой / дружелюбный

tsakile / phirekile

взволнованный / скучающий

nyuhela / lala

толстый / худой

masungulo / makumo

сначала / в конце

mungana / nala

друг / враг

tele / hava

полный / пустой

tiyile / olova

твёрдый / мягкий

tika / vevuka

тяжёлый / легкий

ndlala / torha

голод / жажда

vabya / hanya

больной / здоровый

swi ngariki enawini / enawini

незаконный / законный

tlharihile / xiphukuphuku

умный / глупый

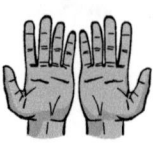

ximati / xinene

слева / справа

akusuhi / kule

близко / далеко

yintshwa / tirhisiwile

новый / подержанный

hava / xin'wana

ничто / нечто

dyuharile / muntshwa

старый / молодой

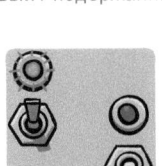

xarirha / xitimile

включено / выключено

pfurile / pfariwile

открыто / закрыто

myerile / huwa

тихо / громко

fuwile / xisiwana

богатый / бедный

swinene / bihile

правильный /
неправильный

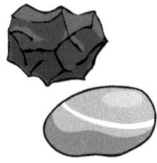

khwasha / reta

шероховатый / гладкий

vaviseka / tsaka

печальный / счастливый

koma / leha

короткий / длинный

hlwela / hatlisa

медленный / быстрый

tsakama / oma

мокрый / сухой

kufumela / titimela

тёплый / прохладный

nylmpl / kurhula

война / мир

0

noto

ноль

1

n'we

один

2

mbirhi

два

3

nharhu

три

4

mune

четыре

5

ntlhanu

пять

6

ntsevu

шесть

7

nkombo

семь

8

nhungu

восемь

9

nkaye

девять

10

khume

десять

11

khume n'we

одиннадцать

12

khume mbirhi

двенадцать

13

khume nharhu

тринадцать

14

khume mune

четырнадцать

15

khume ntlhanu

пятнадцать

16

khume ntsevu

шестнадцать

17

khumbe nkombo

семнадцать

18

khume nhungu

восемнадцать

19

khume nkaye

девятнадцать

20

makhume mambirhi

двадцать

100

dzana

сто

1.000

gidi

тысяча

1.000.000

gidi ya magidi

миллион

Xinghezi

английский

Xinghezi xa Amerika

американский английский

Xichayina xa Mandarin

мандаринский китайский

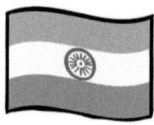

Xihindi

хинди

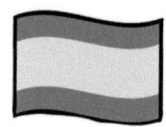

Xipaniya

испанский

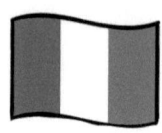

Xifurwa

французский

Xiarabu

арабский

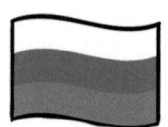

Xirhaxiya

русский

Xiputukezi

португальский

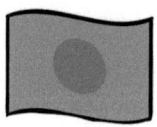

Xibengali

бенгальский

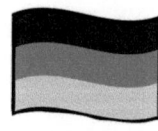

Xijarimani

немецкий

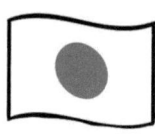

Xijapani

японский

mina

я

wena

ты

yena / yena / xona

он / она / оно

hina

мы

n'wina

вы

vona

они

mani?

кто?

yini?

что?

njhani?

как?

kwihi?

где'?

rhini?

когда?

vito

имя

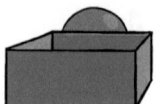

endzaku

за

ahehla

в

emahlweni a

перед

ahenhla ka

над

eka

на

ehansi

под

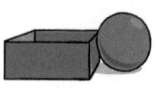

handle ka

рядом

exikarhi ka

между

ndhawu

место